Das wünsche ich dir:
Wenn es dunkel wird über dem Land,
deine Stirn dem Gestirn zugewandt,
ein Stern den Weg dir weist:
Glanz über dein Geschick und Freude
für einen unendlichen Augenblick.

Hans-Jürgen Hufeisen

Hans-Jürgen Hufeisen

EINFACH SEGENSREICH

IM SONNENLICHT

Die irischen Segenswünsche sind beliebt und weit verbreitet. Ich besuchte Irland, um diesem Geheimnis auf die Spur zu kommen. Denn wenn schon solch eine schöpferische Kraft in den Worten liegt, dann müsste diese Kraft immer noch vor Ort zu finden sein. Es tat gut, zur »Grünen Insel« zu reisen. Vielleicht würde ich hier meine christlichen Wurzeln neu verstehen. Ich wusste, dass keltische Mönche ihre kulturellen Spuren großzügig hinterlassen hatten. In Europa gründeten sich viele Städte und Dörfer durch die Kelten. Das berühmteste Beispiel dafür ist St. Gallen in der Schweiz. Sogar bis zum vorderen Orient ziehen sich ihre Bahnen – nach Galatien, nach Ancyra, das heutige Ankara.

Ich fing an, selbst nach alten irischen Texten und Segensworten zu suchen und wurde fündig. Viele Segenswünsche stammen aus mündlichen Überlieferungen. Einige davon habe ich mit meinen Worten neu übersetzt. Meine spirituellen Erfahrungen an den »Orten der Kraft« finden darin einen ruhenden Platz. Auch konnte ich es nicht lassen, ganz eigene Segenswünsche zu schreiben. Die Worte des Segens mögen sich ausbreiten, vermehren und Menschen berühren. Die beseelten Orte in Irland ließen mich verstehen, warum die irischen Segenwünsche uns so faszinieren: Es ist die Ursprünglichkeit der Spiritualität, hervorgegangen aus der Kraft der Naturgewalten, eine »Spiritualität in geschwisterlicher Anlehnung an die Natur«. Es ist das tägliche Leben, das sich mit der mystischen Welt wie selbstverständlich verbindet. Es ist die Grünkraft der Insel, die in die Segensworte eingegangen ist. Es sind die Riten und Feste im spirituellen Jahreskreis der Kelten. Es ist das Wirken des Sonnenlichtes im Jahreskreis auf Pflanze, Tier und Mensch, das Wirken in der Wandlung der Seele auch im Lebenskreis. Es ist das Echo der Seele, das im Segenswort erklingt.

In Irland war es selbstverständlich, die alte keltische Religion mit der christlichen zu verbinden. Es war der Wille der irischen Mönche, das ganze Leben mit Haus, Tier und Baum unter den neuen göttlichen Schutz zu stellen, und das auch in den vielen politischen Unruhen und Nöten. Der Glaube an die Kraft des Segens schafft eine mütterliche und zärtliche Aura. Sie umgibt uns wie die Flügel eines Schwanes, der seine Jungen beschützt. Der irische Segen sagt ganz schlicht, dass wir selber Segen sind. Wir brauchen nicht erst aufgefordert zu werden, »du sollst ein Segen sein«. Wir sind es durch den göttlichen Lebensatem, der uns eingehaucht wurde. Es ist doch eine wunderbare Vorstellung, dass sich hier und heute überall »Segensmenschen« begegnen.

VOR DER ABEND- UND DER MORGENSONNE

Die keltischen Christen verbanden die Naturreligion ihrer Vorfahren, die Verehrung des Sonnengottes, eng mit christlichen Anschauungen:

Das Auge des großen Gottes,
das Auge der unendlichen Zeit,
das Auge des Königs aller Mächte,
das Auge des Geistes aus Gott
über allem, was lebt,
es strahlt über uns auf
jeden Tag, jedes Jahr.
Es strahlt über uns auf
zärtlich, in Fülle.

Ehre sei dir, glanzvolle Sonne,
du Auge des Geistes aus Gott
über allem, was lebt.

Übertragung nach einer irischen Überlieferung

LICHTSTRAHL, MEIN FRÖHLICHER BEGLEITER

Das keltische Kreuz auf der Wiese der Söhne von Nois

Einzigartig und vollendet sind die zahlreichen irischen Hochkreuze. Schon zur Keltenzeit war es Brauch auf Wiesen, an Ufern von Flüssen, auf Anhöhen, an Gräbern oder heiligen Stätten Hochkreuze zu errichten. Sehr gut erhaltene keltische Kreuze fand ich am Ufer des Shannon, in den Ruinen der altertümlichen Klostersiedlung Clonmacnoise, »die Wiese der Söhne von Nois«, ein Ort der Kraft, der sich genau in der Mitte Irlands befindet. Dort erheben sich die berühmten, mit Ornamenten verzierten Hochkreuze mit drei bis vier Metern Höhe. In jedem irischen Hochkreuz erscheint im Schnittpunkt der Kreuzarme ein Kreis. Der Überlieferung nach stellt der Kreis die Sonne dar. Wir sprechen auch vom Sonnenkreuz. Darin verbindet sich die Tradition der frühen keltischen Kultur, der altehrwürdigen Stein- und Sonnenverehrung, mit dem Glaubenszeichen der Christen. In diesen Kreuzen vereinen sich Erde und Kosmos im Ganzheitszeichen des Weltenkreises.

So stand ich also auf der »Wiese der Söhne von Nois« und entdeckte im Sonnenkreuz eine für mich zutiefst positive Zeichensetzung. Ich sah und sehe in irischen

Hochkreuzen nicht nur die Passion, sondern auch die Vision von Lebenserneuerung und von Lebenserfüllung. Lebenserfüllung war die Bestimmung der asketischen Passion der irischen Mönche – durch eine erfüllte Passion, durch die erfüllte Leidenschaft zum Leben hindurch.
Wer sich von einem Hochkreuz wieder auf den Weg macht, kann das Bild von der Sonne in die Welt tragen. Das Licht, die Sonne im Zentrum mag wie eine Friedensbotschaft für unsere Erde strahlen.

VOM BAUM DES LEBENS

Irisch-keltisches Gebet eines Mönches im Angesicht des Todes

O König,
dein ist der Baum des Lebens
in voller Blütenpracht,
umgeben von wundersamen Wesen.
Seine Äste und Wipfel ragen weit
über Wiesen und Felder des Himmels hin.
Ewig leuchtet das Grün der Blätter,
und ewig verschenken sie sich,
die reifen Früchte.

Lieblich ist die frohe Vogelschar,
die dich bewohnt,
als seiest du selbst ihr Paradies.
Und jedes große und kleine Geschöpf
schillert bunt mit hundert Federn.
Sie singen allesamt für jede ihrer Federn
wahrlich hundert Lieder,
in Liebe, strahlend rein.

Übertragung nach: A Celtic Misvellany

GEBET IN DER KÜCHE

Ich liebe meine kleine Küche, Gott,
und jeden Winkel, jeden Topf.
Darum segne mich und all mein Tun,
wenn ich Schüsseln wasche, wenn ich koche.

Die Mahlzeit hier auf meinem Herd
würze du von oben her
mit Segen und Freundlichkeit
und mit Liebe von dir.

Hier ist meine kleine Küche, o Gott.
Alle, die eintreten,
mögen ein großes Herz finden,
Frieden und Glück.

Übertragung nach Gebetszeilen, gefunden
in der Küche bei Mrs. Doherty
in einem kleinen Bauernhaus
an der Küste des Burren

GASTFREUNDSCHAFT

Ein Fremder in meinem Haus:
Ich teilte mit ihm die Speise,
ich bot ihm Wein zum Trank
und spielte Musik für sein Ohr,
und im geheiligten Namen der Dreieinigkeit
segnete er mich und mein Haus,
mein Vieh und meine Lieben.
Da hörte ich die Lerche verkünden in ihrem Lied:
Oft, oft, oft
geht Christus in fremder Gestalt.

Übertragung nach einer irischen Überlieferung

ACKERSEGEN

Nun will ich gehen, die Saat zu segnen,
mit göttlichem Wasser besprenge ich sie.

Ich säe über die Felder hin.
Möge die Saat auf gute Erde fallen,
nichts soll auf Felsen verdorren,
nichts am Wege für Vögel dienen
und nichts im Gestrüpp ersticken.

Möge die Saat gedeihen und die Erde fruchtbar sein.
Mögen wilde Winde sie verschonen,
möge die Sonne sie erwärmen,
möge der Tau sanft sich neigen
und die Saat liebkosen.

Nun gehe ich über meinen Acker,
die Saat zu segnen:
Dreimal gehe ich um den Acker
und dreimal über das Feld,
anrufend die Dreieinigkeit:
Gott, segne meinen Acker.

Übertragung nach einer irischen Überlieferung

MOND, DU SCHREITEST AM HIMMEL

Eine Tropfsteinhöhle

Von einem ortskundigen Begleiter geführt, stieg ich eine schmale Treppe hinab in die Tiefen einer langen, großen Höhle, die Mitchelstown´s Cave. Unten angekommen, eröffnete sich eine Welt des Märchens, so unwirklich teilten sich die Bilder mit. Wenige matte Wandleuchten und eine Taschenlampe machten die Atmosphäre noch geheimnisvoller. Das Wasser schuf hier in Millionen von Jahren Gänge, Schluchten, Hügel, Täler und Hallen, eine so groß wie ein Dom, gefüllt von einzigartigen Gebilden und Skulpturen, wie in einer fantastischen Galerie. Eine kraftvolle und zugleich zerbrechliche Welt. Alles, was wir hier sehen, ist einzig und allein nur der Kraft des Wassers zu verdanken. Als wir in einer ersten größeren Kammer ankamen, bat ich meinen Begleiter, für kurze Zeit das Licht auszuschalten. Unglaublich, vor mir war ein Nichts. Noch nie hatte ich bewusst eine wirkliche Finsternis erlebt. Eine unglaubliche Stille breitete sich in der Tropfsteinhöhle aus, bis auf das ständige leise Klopfen der Wassertropfen, für mich der Herzschlag der Höhle. Lautlos war die Zeit, still der Raum. Stille können wir nicht machen. Stille umgibt uns. Stille kann ich zulassen, bewusst wahrnehmen. Stille ist verwandt mit dem Wort »stillen«. Darin höre ich die Worte eines alten Psalms: »Still und ruhig ist mein Herz so wie ein sattes Kind im Arm der Mutter. Still wie ein solches Kind bin ich geworden«. Könnte es im Bauch meiner Mutter auch so gewesen sein, umhüllt von Dunkel, Stille und einem Pulsschlag?

Das sanfte Licht in der Höhle ging wieder an und wir betraten als Letztes die sogenannte Kathedrale, die größte unter den Hallen. Ich war eingeladen, dort auf meiner Flöte zu improvisieren. Bisher hatte ich noch nie in einer Höhle mein Instrument erklingen lassen, und noch nie in ihrer unendlichen Zeit hatte die Höhle wohl den Klang einer Blockflöte getragen. Anfangs war mein Spiel zaghaft wie das Klopfen der Wassertropfen, ich fühlte mich auch ganz klein in dem so großen Dom. Die Höhle antwortete mit ihrer Resonanz – wie von selbst entfaltete sich mein Spiel zu einer großen Melodienkaskade.

Beim Hinaussteigen aus der Höhle trafen wir auf die leise Stimmung des frühen Abends. Vor uns der leuchtende Mond. Es tat gut, aus der dunklen Tiefe hinaussteigen und vom Licht des Mondes empfangen zu werden. Zwei Gedanken begleiteten mich in jener Nacht: Was würde wohl in uns Menschen und in der Welt entstehen, wenn heilende Musiktöne wie Wassertropfen ständig auf unsere Herzen träfen? Was wäre, wenn wir das ständige Fließen des Geistes der Schöpfung in uns wahrnehmen würden?

IRISCHER MONDSEGEN

Mond, du schreitest am Himmel.
Meine Augen erheben sich.
Sei gepriesen,
du Mond der Weisung,
dass ich dich wieder sehe
und den Neumond erblicke,
die gute Leuchtkraft in mir
im Dunkel der Zeit.

Viele sind heimgegangen
zwischen den beiden Monden,
doch ich wache noch auf dieser Erde.
Sei gepriesen, du Mond des Segens.

Nach einem druidischen Schwur,
aus »The Druid Way«

DER WEISSE STEIN

Klosteranlage auf dem »Skellig Michael«

Ich fahre in einem kleinen Boot eine Stunde durch hohe Wellen über das Meer. Wunderschönes Sonnenwetter ermöglicht die Bootsfahrt. Vor uns erscheint ein riesiger kahler Felsblock wie eine Pyramide, der im Südwesten der Küste Irlands 13 Kilometer vorgelagert ist. 210 Meter hoch ragt »Skellig Michael«, der »Fels Michael« aus dem Atlantik, eine schwer erreichbare Kostbarkeit. Schon bei einem mittleren Wellengang ist eine Landung an der Steilküste nicht möglich. Deshalb konnten die Mönche im Winter bei Sturm diese gefährliche Fahrt in ihren Lederbooten tagelang nicht wagen. Am schroffen Felsen angekommen, sehe ich vor mir Hunderte von schmalen unregelmäßigen Stufen. Es mögen vielleicht 700 Stufen sein, schon vor tausend Jahren im Bergfelsen eingemeißelt. Sie führen hinauf zu den Überresten eines 1400 Jahre alten keltischen Klosters. Es geht die Sage, dass in vorchristlicher Zeit sogar die Druiden hier gewohnt haben sollen. Die noch gut erhaltenen Steinbauten auf einem Felsplateau aus der Zeit der keltischen Mönche gleichen übergroßen Bienenkorbhütten. »Kein süßlich verkitschtes Christentum, sondern ein Glaube, erschütternd wie eine Urgewalt, muss hier geherrscht haben«, so eine Stimme zu diesem Ort. Die herausragende Lage des Gipfelklosters auf dem Skellig Michael trägt zu seinem Zauber bei. Ist das ein beseelter Ort? Mit Sicherheit ein Kraftplatz. Ich hatte schon lange den Wunsch gehegt, mit meiner Flöte in dieser berühmten Klosteranlage zu spielen. Und so nahm ich im Eingang einer Mönchshütte Platz und sah vor mir die alten verwitterten, fast weißen, kleinen Steinkreuze eines Kinderfriedhofes. Ich spielte über die kahlen Felsen und wogenden Wellen meine Sehnsucht hinaus. Ich spielte von den unzähligen Treppenstufen als seien sie die Himmelsleiter. Ich spielte von der beschützenden Lichtkraft des Engels Michael. Ein keltischer Mönch könnte bei seiner Ankunft im hochgelegenen Kloster den Gruß gesprochen haben:

Willkommen, o Sonne am Wendepunkt,
auf deinen Wegen in der Höhe des Himmels.
Stark ist dein Schritt in der endlosen Weite,
der Sternbilder frohe Mutter bist du.

Du versinkst im Ozean meiner Wünsche –
unbesiegt und unversehrt.
Du erhebst dich aus den friedlichen Wogen
wie eine Königin in der Blüte der Unschuld.

IN GOTTES GESTALT WANDELN

Ein Barde vor 900 Jahren war ein Dichter, Komponist und Sänger mit prophetischen Gaben, eingeweiht in die Geheimnisse der keltischen Riten und Bräuche. Zugleich schuf er mit seiner eigenen Musik und seinen Worten die zukünftige spirituelle Welt seines Volkes. Bis heute verbindet die irische Kultur, insbesondere die Musik, die Spiritualität ihrer Ahnen mit der ihrer heutigen Zeit.

Ich bin der Wind, der über den See fegt.
Ich bin die Welle des weiten Ozeans.
Ich bin das Brüllen der Brandung.
Ich bin ein kräftiger Stier.
Ich bin ein Adler auf dem hohen Felsen.
Ich bin die Leuchtkraft der Sonne.
Ich bin das grünste der Gräser.
Ich bin ein mutiger wilder Bär.
Ich bin eine Rose im Gewässer.
Ich bin ein See im freien Land.
Ich bin ein erfindungsreicher Künstler.
Ich bin ein Kämpfer wie der Engel Michael.
Und ich kann wandeln meine Gestalt
wie ein Gott.

Übertragung nach dem Book of Ballymole,

ES NAHT DER PURPURBALL

Steinkreise in Irland – Traue der Mitte in dir

Was wäre Irland ohne seine vielen Steinkreise? Die stummen Zeugen in einsamen Landschaften geben Kunde von Mensch und Kosmos, vom Leben der Menschen und vom Wirken der Götter aus vorkeltischer Zeit, und nicht nur aus dieser Zeit. Menschen aus aller Welt fühlen sich davon angezogen. Ich begab mich zu dem Steinkreis von Kenmare. Er liegt auf einer Anhöhe, nur ein paar Schritte vom Dorfzentrum entfernt. Man könnte fast meinen, wie eine Kirche stehe diese Steinsetzung im Zentrum des Ortes. Dieser Kreis ruht seit unendlicher Zeit. Durch eine lange, wechselvolle Geschichte hat nie ein Mensch diese Steine verrückt. Bis heute. Aus einem geheimnisvollen Grund war stets eine Achtung vor dem Steinkreis vorhanden. Der Steinkreis von Kenmare hat einen großen Stein in der Mitte und darum herum lagern 14 kleinere Steine, doch so groß, dass Menschenhände sie nicht leicht wegtragen könnten.

So oft ich solche Kraftorte betrete, wird mir klar, dass mein Verstand nicht das richtige Werkzeug ist, zu begreifen. Auch ein purer Glaube daran ist dem nicht gemäß, sondern nur ein Sich-hinein-Geben lässt ein inneres Verstehen aufkeimen. Und so legte ich meine sieben

Flöten auf dem großen Stein in der Mitte ab. Nur von der Mitte aus ist ein Kreis zu verstehen, und nur aus der Mitte heraus kann Kraft für die Welt wachsen. Auch zum kosmischen Kreis gehört die Betonung der Mitte. Von hier wird alles gehalten und durchstrahlt. Das Zentrum ist zugleich das Licht der Welt. Ich wurde an Kreisrituale erinnert, den Tanz um den Maibaum, die volkstümlichen Kreistänze, auch an Begriffe aus der Musik wie Rondo, Ritornell oder Gebete und Gesänge.
Wir Menschen leben im Rhythmus eines Kreises. Wir leben im Jahres- und Lebenskreis. Der Mond kreist um die Erde, die Erde mit ihrem Mond um die Sonne. Wir können uns dem Sog eines Kreises nicht entziehen. Vielleicht sehnen wir uns deshalb nach Kreisformen in unseren spirituellen Ritualen und Feiern. Darin spüren wir unsere Teilhabe am Weltenkreis. Der Dirigent Eugen Jochum sagt vom Schlusschor der Matthäuspassion: »Es muss ein ruhiges Kreisen in absolut gleichmäßigem Tempo sein, von Anfang bis zu Ende. Man muss das Empfinden von Zeit verlieren, es könnte genauso gut noch länger dauern … Hinter der Musik Bachs mit ihrem endlosen Kreisen leuchtet schon das Meer der Ewigkeit.« Wer einmal die Steinkreise in Irland besucht, der hört vielleicht die Steine singen von Stille und Kraft, von Nichts und Ewigkeit, vom endlosen Kreisen.

RUNENGESANG

Einen druidischen Kreis nachempfinden

Gott des Friedens,
begleite uns mit deinem Schutz,
und im Schutz gib uns Tapferkeit,
und in der Tapferkeit gibt uns Weisheit,
und in der Weisheit Sinn für Gerechtigkeit,
und im Sinn für Gerechtigkeit die Zuneigung zu ihr,
und in der Zuneigung die Liebe zu allem, was lebt,
und die Liebe zu Gott und zum Guten.

MACH LICHT DAS HERZ

An einem Dolmen

Vor mir erstreckt sich eine weite, rissige und schroffe Felslandschaft. Es ist der Burren an der irischen Ostküste, eine Felswüste aus zerklüftetem Kalkstein. Er ist alles andere, nur keine »Grüne Insel«. Und auf diesem kargen Flecken Erde möchte ich mit meiner Flöte die Stille ein- und ausatmen. Ich hatte mir einen ganz besonderen Platz an dem Dolmen Poulnabrone ausgesucht, eine vorgeschichtliche Grabkammer der Megalithkultur, errichtet vor 4000 bis 5000 Jahren (der Dolmen, von bretonisch taol »Tisch« und maen »Stein«). Er besteht aus vier senkrecht aufgestellten Tragsteinen und einer Decke aus einem großen Stück Felsen.

Schweigend betrat ich den felsigen Hügel, um die Ruhe des Ortes nicht zu stören. Stand ich doch auf einem Boden, auf dem schon lange vor mir Menschen spirituelle Räume für ihre Toten errichteten. Für mich war es neu, an einem Platz der Ahnen meine Flöte erklingen zu lassen. Fremd war mir der Umgang mit der Leere und der uralten Geschichte, zu abweisend die rissige Felslandschaft für mein Stück lebendiges Flötenholz.

Ich setzte mich auf einen Stein, vor mir die Grabkammer, und schaute und hörte in die Burrenlandschaft hinein. Ich ließ mir Zeit an diesem Ort - mit einer so anderen Wirklichkeit, die die Ewigkeit ahnen lässt. Dieser Platz sagte mir: »Gib der Erde dein Ohr, und es wird wirklich und wahrhaftig Musik erklingen.« Nach geraumer Zeit erhob ich mich und umschritt erst einmal die Grabkammer. Mit einem langen Atem entlockte ich meiner Flöte immer den gleichen lang gezogenen Ton. Mein Flötenspiel vom Gesang der Steine selbst wurde zu meinem Stein. Ich empfand eine tiefe Ruhe. Nach einer Weile betrat ich die Mitte der Grabkammer. Ich wusste nicht wie meine Töne darin klingen würden. Ich begann zaghaft mit einer österlichen Melodie. Stumpf war der Ton. Am Widerstand der Steinwände schien sich jede Resonanz zu brechen. Und so musste meine Melodie fester und lauter werden, damit sie aus dem Jahrtausende alten Dolmen dringen konnte. An jenem frühen Abend verließ der Flötenklang die Steinkammer und schwebte über der rissigen Felslandschaft. Vielleicht habe ich begriffen, dass hier in einer dunklen, leblosen Kammer die innere Sonne, das innere Licht in mir erwachen kann und mich aufstehen lässt für die Freude am Leben.

GLOCKENSEGEN

Gebet eines irischen Mönches

Müde bist du, meine Glocke,
ich hänge an deinem Seil,
viele Menschen warten
auf dein Geläut und Geleit.

Wundersame Musik sind meine Glocken,
Gebet in Gottes Ohren,
froher Klang für traurige Herzen.
Und die Engel im Hause Gottes,
die singen und tanzen
im Takte deines Spiels.

Läute und läute, meine Glocke,
zu Ehre und Lobpreis des Schöpfers,
damit alle es hören,
dein Pochen an die Pforte zum schönen Paradies.
Gottes Segen soll in dir schwingen,
und möge das Gericht des Himmels
dich und mich verschonen.

Übertragung nach einer Überlieferung aus dem Irischen

VOM PILGERN

Worte nach Columban

Lasst uns himmelwärts lieben,
lasst uns himmelwärts verlangen,
lasst uns himmelwärts singen:
Wir leben als Wanderer auf einem Weg,
als Pilger, als Gäste der Welt.

FÜR DIE HEILUNG

Das wünsche ich dir:
Heilkraft und Segen fürs Leben.
Deine Schmerzen, deine Krankheit
mögen in die Tiefe der Erde versinken,
in felsigen Böden,
denn sie erdulden viel.

Möge der Schwarm der Vögel dich tragen,
die Wespen des Berges dich führen,
der Blauwal im Meer mit dir schwimmen.
Schnell sind sie und gut.

Die Wolken des Himmels sind mit dir,
sie spenden reichlich Regen.
Der Strom des Flusses sei mit dir,
er führt dich zum Meer des Lebens hin.

Das wünsche ich dir:
Heilkraft und Segen fürs Leben.

FÜR EIN NEUGEBORENES KIND

Eine kleine Welle für deinen Leib,
eine kleine Welle für dein Ohr,
eine kleine Welle für deinen Gesang,
eine kleine Welle für deine Wünsche,
eine kleine Welle für dein großartiges Herz,
eine kleine Welle für deinen Hunger,
eine kleine Welle für dein Wohlergehen,
eine kleine Welle für deinen Lebenskreis
und eine kleine Welle für dein Heil.
So sind es neun Wellen für dich,
Wellen vom Schöpfer des Lebens.

MEIN TRAUM

Gallarus-Oratorium, ein Raum für die Meditation

Ich befinde mich inmitten eines kleinen Hauses aus Stein. Vor 1200 Jahren diente es möglicherweise den Mönchen als Gebetshaus. Umgeben von grünen Hügeln, nicht weit vom Meer, steht immer noch das Gallarus-Oratorium, in typischer Weise aus unbehauenen Steinen gebaut. Obwohl ganz aus gefügten Steinen, ohne Mörtel gebaut, hat kein Wassertropfen je das Dach durchdringen können. Das fünf Meter hohe Bethaus ist auf einem fast quadratischen Grundriss errichtet. Sonnenlicht dringt durch den offenen Eingang im Westen und das gegenüber liegende kleine Fenster im Osten. Äußerlich erinnert das Bauwerk an einen umgekehrten Schiffsrumpf, als wolle es am Meer des Himmels gleiten.

Es war an einem frühen Abend, als ich das Bethaus betrat. Das Fensterchen vor mir wirkte wie ein kleiner Chorraum. Die meisten christlichen Kirchen haben ihren Chorraum dem Orient zugewandt. Die Abendsonne schickte ihre Strahlen durch die schmale Tür im Westen und gab dem Raum einen mystischen Glanz. Eine andächtige Stimmung erfüllte den Raum. So muss es wohl gewesen sein, als die Mönche vor über

1000 Jahren abendlich in diesem heiligen Raum meditierten.
Ich setzte mich mit meiner Flöte auf den Boden in die Mitte des Raumes, den Blick zur sich neigenden Sonne gerichtet. Ich begann mit dem Abendlied auf meiner schwarzen Holzflöte, ja ich betete mit meiner Musik. Ich blies meine Seele aus mir heraus. Und der kleine Raum nahm die Musik auf und trug sie bis nach draußen zu den Feldern und Bergen und Seen. So wie es die Sonne mit ihrem Glanz tat, legte sich nun der Klang meiner Flöte über sie. Mein klingender Segen spielte wider die Not der Welt, für den Weg des Friedens und für die Wiederkehr der Freude.

FLÖTENFRIEDEN

Möge der Friede mit dir sein
wie der sanfte Klang einer Flöte,
Gott ist im Hauch ihres Spiels.

Möge das Lied dich begleiten
wie der Gesang des Vogels in der Luft,
Gott ist im Wagnis seines Fliegens.

Möge der Ruf der Flöte dich berühren
für Frieden und Heil unter allen Wesen,
Gott ist ihr Schutz und ihr Schild.

EIN ENGELSEGEN

Möge der Gesang des Himmels
dich auf Erden mit Kraft umhüllen,
groß und weit spannt sich mein Bogen
aus Klang durch die Zeit.

Möge der tiefe Klang in meinen Liedern
dir Festigkeit unter die Füße geben,
damit dein Weg dich trägt und führt.

Möge mein Herzschlag dir Mut zusprechen
wie Stecken und Stab, die dich halten und schützen.

Und wenn mein Lied gelassen in den Lüften tanzt,
so ahne, dass deine Seele wie ein Vogel fliegt.

Möge der Gesang des Himmels
dich auf Erden mit Kraft umhüllen.
Borg mir dein Licht

ANRUFUNG EINES SCHUTZENGELS

O göttliches Wesen, du Hüter der Nacht,
borg mir dein Licht,
damit das Dunkel bricht.

O strahlender Bote, du Freund des Lichts,
weise als Stern mir den Weg,
erhelle die Felsen, bescheine die See.

O schützender Geist, du himmlische Macht,
leite das Schiff durch die Wellen der Nacht.

O göttliches Wesen, du Hüter der Nacht,
borg mir dein Licht,
damit das Dunkel bricht.

Textnachweis:
Hans-Jürgen Hufeisen ist virtuoser Blockflötenspieler, Komponist, Arrangeur und Choreograph. Auf über 30 CDs und ungefähr 40 Konzerten pro Jahr zeigt er immer wieder neu seine musikalische Bandbreite und ungebrochene Kreativität. Schon seit vielen Jahren hat er Irland, seine Landschaft, aber auch seine Spiritualität als eine Quelle der Inspiration und der Kraft entdeckt. So bietet er schon seit einigen Jahren, neben anderen Zielen, musikalisch-spirituelle Reisen auf die Grüne Insel an.
Mehr Informationen zu Hans-Jürgen Hufeisen, Konzertveranstaltungen und Reiseangeboten unter www.hufeisen.com.

Bildnachweis:
Das Copyright für die verwendeten Fotos liegt bei Hans-Jürgen Hufeisen (S. 17 © Verlag am Eschbach).

Bibliographische Information der Deutschen Nationalbibliothek:
Die Deutsche Nationalbibliothek verzeichnet diese Publikation in der Deutschen Nationalbibliographie; detaillierte Daten sind im Internet über http://dnb.d-nb.de abrufbar.

ISBN 978-3-86917-071-8

Im Alten Rathaus/Hauptstr. 37
D-79427 Eschbach/Markgräflerland

www.verlag-am-eschbach.de

Gestaltung, Satz und Repro: Finken & Bumiller, Stuttgart.
Schriftvorlagen: Petra Eva Hauser, Münstertal.
Herstellung: Druckwerke Reichenbach, Reichenbach/Vgtld.

Manufakt

Dieser Baum steht für klimaneutrale Produktion, umweltschonende Ressourcenverwendung, individuelle Handarbeit und sorgfältige Herstellung.